EMPFOHLENES BUCH:

Wer bist du wirklich?
Ein Guide zu den 16 Persönlichkeitstypen
ID16™©

Jarosław Jankowski

Wieso sind wir so verschieden? Wieso nehmen wir auf unterschiedliche Art Informationen auf, entspannen anders, treffen anders Entscheidungen oder organisieren auf verschiedene Weiseunser Leben?

„Wer bist du wirklich?" erlaubt es Ihnen, sich selbst und andere Menschen besser zu verstehen. Der im Buch enthaltene Test ID16 hilft Ihnen dabei, Ihren Persönlichkeitstyp festzustellen.

Ihr Persönlichkeitstyp:

Reformer
(ENTP)

Ihr Persönlichkeitstyp:

Reformer
(ENTP)

Serie ID16™©

JAROSŁAW JANKOWSKI

LOGOS MEDIA

Ihr Persönlichkeitstyp: Reformer (ENTP)

Diese Veröffentlichung hilft Ihnen, Ihr Potenzial besser zu nutzen, gesunde Beziehungen zu anderen Menschen aufzubauen und richtige Entscheidungen auf Ihrem Bildungs- und Berufsweg zu treffen. Sie sollte aber keineswegs als Ersatz für eine fachliche psychologische oder psychiatrische Beratung angesehen werden.

Der Autor sowie der Herausgeber übernehmen keine Haftung für eventuelle Schäden, die aufgrund der Nutzung dieser Publikation entstanden sind.

ID16™© ist eine vom Autor geschaffene Persönlichkeitstypologie, die nicht mit Typologien und Tests anderer Autoren oder Institutionen verglichen werden kann.

Aus Gründen der Lesbarkeit wurde im Text die männliche Form gewählt, nichtsdestoweniger beziehen sich die Angaben auf Angehörige beider Geschlechter.

Originaltitel: Twój typ osobowości: Innowator (ENTP)

Übersetzung aus dem Polnischen: Wojciech Dzido, Lingua Lab, www.lingualab.pl

Redaktion: Martin Kraft, Lingua Lab, www.lingualab.pl

Technische Redaktion: Zbigniew Szalbot

Herausgeber: LOGOS MEDIA

Druckausgabe: ISBN 978-83-7981-153-3

eBook (EPUB): ISBN 978-83-7981-154-0

eBook (MOBI): ISBN 978-83-7981-155-7

Inhaltsverzeichnis

Einführung

Ihr Persönlichkeitstyp: Reformer (ENTP) stellt ein außergewöhnliches Nachschlagewerk zum *Reformer* dar, einem der 16 Persönlichkeitstypen ID16™©.

Dieser Guide ist Teil der Serie ID16™©, die aus 16 Bänden besteht, die den einzelnen Persönlichkeitstypen gewidmet sind. Sie liefern auf eine ausführliche und verständliche Art und Weise Antworten auf folgende Fragen:

- Wie denken und fühlen Menschen, die zum jeweiligen Persönlichkeitstyp gehören? Wie treffen sie Entscheidungen? Wie lösen sie Probleme? Wovor haben sie Angst? Was stört sie?

- Mit welchen Persönlichkeitstypen kommen sie gut klar, mit welchen hingegen nicht? Was für Freunde, Lebenspartner, Eltern sind diese Menschen? Wie werden sie von anderen betrachtet?

- Was für berufliche Voraussetzungen haben sie? In was für einem Umfeld arbeiten sie am effektivsten? Welche Berufe passen am besten zu ihrem Persönlichkeitstyp?

- Was können sie gut und an welchen Fähigkeiten müssen sie noch feilen? Wie können sie ihr Potenzial ausschöpfen und Fallen aus dem Weg gehen?

- Welche bekannten Personen gehören zum jeweiligen Persönlichkeitstyp?

- Welche Gesellschaft verkörpert die meisten Charakterzüge des jeweiligen Typs?

In diesem Buch finden Sie ebenso die wichtigsten Informationen zur Persönlichkeitstypologie ID16™©.

Wir hoffen, dass es Ihnen dabei hilft, sich selbst und andere Menschen besser zu verstehen und kennenzulernen.

DIE HERAUSGEBER

ID16™©
im Kontext Jungscher
Persönlichkeitstypologien

ID16™© gehört zur Familie der sog. Jungschen Persönlichkeitstypologien, die auf der Theorie von Carl Gustav Jung (1875-1961) basieren – einem Schweizer Psychiater und Psychologen und einem der wichtigsten Vertreter der sog. Tiefenpsychologie.

Auf Grundlage langjähriger Forschungen und Beobachtungen kam Jung zur Schlussfolgerung, dass die Unterschiede in der Haltung und den Vorlieben von Menschen nicht zufällig sind. Er erschuf daraufhin die heute bekannte Unterscheidung in Extrovertierte und Introvertierte. Ferner unterschied Jung vier Persönlichkeitsfunktionen, die zwei gegensätzliche Paare bilden: Empfindung – Intuition und Denken – Fühlen. Jung betonte, dass in jedem dieser Paare eine der Funktionen dominierend ist. Er kam zur Einsicht, dass die dominierenden Eigenschaften eines jeden

Menschen stetig und unabhängig von externen Bedingungen sind, ihre Resultante hingegen der jeweilige Persönlichkeitstypus ist.

Im Jahre 1938 erschufen zwei amerikanische Psychiater, Horace Gray und Joseph Wheelwright, den ersten Persönlichkeitstest, der auf der Theorie von Jung basierte und die Bestimmung dominierender Funktionen in den drei von ihm beschriebenen Dimensionen ermöglichte: **Extraversion-Introversion, Empfindung-Intuition** sowie **Denken-Fühlen.** Dieser Test wurde zur Inspiration für andere Forscher. Im Jahre 1942, ebenfalls in den USA, begannen wiederum Isabel Briggs Myers und Katharine Briggs ihren eigenen Persönlichkeitstest anzuwenden. Sie erweiterten das klassische, dreidimensionale Modell von Gray und Wheelwright um eine vierte Dimension: **Bewertung-Beobachtung.** Die meisten der späteren Typologien und Persönlichkeitstests, die auf der Theorie von Jung basierten, übernahmen daraufhin auch diese vierte Dimension. Zu ihnen gehört auch u. a. die amerikanische Studie aus dem Jahre 1978 von David W. Keirsey sowie der Persönlichkeitstest von Aušra Augustinavičiūtė aus den 1970er Jahren. In den folgenden Jahrzehnten folgten Forscher aus der ganzen Welt, womit sie weitere vierdimensionale Typologien und Tests erschufen, die an lokale Bedingungen und Bedürfnisse angepasst wurden.

Zu dieser Gruppe gehört die unabhängige Persönlichkeitstypologie ID16™©, die in Polen vom Pädagogen und Manager Jarosław Jankowski erarbeitet wurde. Diese Typologie, die im ersten Jahrzehnt des 21. Jahrhunderts veröffentlicht wurde, basiert ebenfalls auf der klassischen Theorie von Carl Gustav Jung. Ähnlich wie auch andere moderne Jungsche Ty-

pologien reiht sie sich in die vierdimensionale Persön-
lichkeitsanalyse ein. Im Falle von ID16™© werden
diese Dimensionen als **vier natürliche Veranlagungen** bezeichnet. Diese Veranlagungen haben einen di-
chotomischen Charakter, ihre Charakteristik hingegen
liefert Informationen über die Persönlichkeit eines
Menschen. Die Analyse der ersten Veranlagung hat
die Bestimmung einer dominierenden **Lebensener-
giequelle** zum Ziel (äußere oder innere Welt). Die
zweite Veranlagung wiederum bestimmt die dominierende Art und Weise, wie **Informationen aufgenom-
men werden** (mithilfe von Sinnen oder Intuition).
Die dritte Veranlagung hingegen determiniert die do-
minante **Entscheidungsfindung** (Verstand oder
Herz). Die Analyse der letzten Veranlagung schluss-
endlich liefert den dominanten **Lebensstil** (organisiert oder spontan). Die Kombination aller natürlichen Veranlagungen ergibt im Endresultat einen von
16 möglichen Persönlichkeitstypen.

Eine besondere Eigenschaft der Typologie
ID16™© ist ihre praktische Dimension. Sie beschreibt
die einzelnen Persönlichkeitstypen in der Praxis – auf
der Arbeit, im Alltag oder in zwischenmenschlichen
Kontakten und Beziehungen. Diese Typologie kon-
zentriert sich nicht auf die innere Dynamik der Persönlichkeit und versucht nicht, eine theoretische Er-
klärung für innere, unsichtbare Prozesse zu finden.
Viel mehr versucht sie zu erläutern, wie die jeweilige
Persönlichkeit nach außen wirkt und welchen Einfluss
sie auf ihr Umfeld nimmt. Diese Fokussierung auf den
sozialen Aspekt einer jeden Persönlichkeit stellt eine
Gemeinsamkeit mit der o. g. Typologie von Aušra Augustinavičiūtė dar.

Jeder der 16 Persönlichkeitstypen ID16™© ist eine
Resultante natürlicher Veranlagungen des Menschen.

Die Zuschreibung zum jeweiligen Typus birgt aber keine Bewertung. Keiner der Typen ist besser oder schlechter als die anderen. Jeder von ihnen ist schlichtweg anders und verfügt über seine eigenen starken und schwachen Seiten. ID16™© erlaubt es, diese Unterschiede zu identifizieren und sie zu beschreiben. Er hilft einem dabei sich selbst zu verstehen und seinen Platz auf dieser Welt zu finden.

Die Tatsache, dass Menschen ihr eigenes Persönlichkeitsprofil kennen, erlaubt es ihnen, voll und ganz ihr Potenzial zu nutzen und an all jenen Gebieten zu arbeiten, die ihnen Probleme bereiten könnten. Es ist eine unschätzbare Hilfe im Alltag, bei der Suche nach Problemlösungen, beim Aufbau gesunder zwischenmenschlicher Beziehungen sowie bei der Entscheidungsfindung auf dem Bildungs- und Berufsweg.

Die Identifizierung des Persönlichkeitstypus ist kein willkürlicher oder mechanischer Prozess. Jeder Mensch ist als „Inhaber und Nutzer seiner Persönlichkeit" in vollem Maße kompetent zu entscheiden, zu welchem Typus er gehört. Somit haben Menschen eine Schlüsselrolle in diesem Prozess. Solch eine Selbstidentifizierung kann zum einen dadurch erfolgen, dass man sich die Beschreibungen aller 16 Persönlichkeitstypen durchliest und schrittweise die Auswahl einengt. Zum anderen kann man aber auch den schnelleren Weg wählen und den Persönlichkeitstest ID16™© ausfüllen. Auch in diesem Falle spielt der „Nutzer einer Persönlichkeit" die Schlüsselrolle, denn das Ergebnis des Tests hängt einzig und allein von seinen Antworten ab.

Die Identifizierung soll dabei helfen, sich selbst und andere zu verstehen, wenngleich sie keinesfalls als Orakel für die Zukunft angesehen werden sollte. Der Persönlichkeitstyp sollte zudem nie unsere Schwächen oder schlechte Beziehungen zu anderen Menschen rechtfertigen (obwohl er helfen sollte, die Gründe hierfür zu verstehen)!

Im Rahmen von ID16™© wird die Persönlichkeit nie als statisch, genetisch determinierter Zustand verstanden, sondern als Resultante angeborener und erworbener Eigenschaften. Solch eine Perspektive vernachlässigt nicht den freien Willen und kategorisiert nicht. Sie eröffnet viel mehr neue Perspektiven und regt zur Arbeit an sich selbst an, indem sie Bereiche aufzeigt, in denen dies am meisten benötigt wird.

Der Reformer (ENTP)

PERSÖNLICHKEITSTYPOLOGIE ID16™©

Profil

Lebensmotto: *Und wenn man versuchen würde, es anders zu machen?*

Ideenreich, originell und unabhängig. *Reformer* sind Optimisten. Sie sind energisch und unternehmerisch. Wahrhaftige Tatmenschen, die gerne im Zentrum des Geschehens sind und „unlösbare Probleme" lösen. Sie sind an der Welt interessiert, risikofreudig und ungeduldig. Visionäre, die offen für neue Ideen sind. Sie mögen neue Erfahrungen und Experimente. Ferner erkennen sie die Verbindungen zwischen einzelnen Ereignissen und sind mit ihren Gedanken in der Zukunft.

Spontan, kommunikativ und selbstsicher. *Reformer* neigen dazu, ihre eigenen Fähigkeiten zu überschätzen. Darüber hinaus haben sie Probleme damit, etwas zu Ende zu bringen.

Natürliche Veranlagungen des *Reformers*

- Die Quelle seiner Lebensenergie: seine äußere Welt.
- Informationsaufnahme: Intuition.
- Art und Weise wie Entscheidungen getroffen werden: Verstand.
- Lebensstil: spontan.

Ähnliche Persönlichkeitstypen

- *Direktor*
- *Logiker*
- *Stratege*

Statistische Angaben

- *Reformer* stellen ca. 3-5 % der Gesellschaft dar.
- Unter *Reformern* überwiegen Männer (70 %).
- Das Land, welches dem Profil des *Reformers* entspricht, ist Israel.[1]

Buchstaben-Code

Der universelle Code des *Reformers* ist in den Jungschen Persönlichkeitstypologien ENTP.

Allgemeines Charakterbild

Reformer sind scharfsinnig und einfallsreich. Sie vermögen es problemlos, mit komplizierten Systemen und

---

[1] Dies bedeutet nicht, dass alle Einwohner von Israel zu dieser Gruppe gehören, wenngleich die israelische Gesellschaft – als Ganzes – viele charakteristische Eigenschaften der *Reformer* verkörpert.

komplexen Theorien umzugehen. *Reformer* zeichnen sich aus durch eine kreative Herangehensweise an Probleme. Sie können sich auf mehre Dinge gleichzeitig konzentrieren. *Reformer* interessieren sich für die Welt und ihre Phänomene und Geheimnisse. Sie schätzen Ideen und Theorien, die praktisch anwendbar sind und bspw. dabei helfen, konkrete Probleme zu lösen, das Leben zu erleichtern oder die Arbeit effizienter zu gestalten. Dahingegen fällt es ihnen schwer Menschen zu verstehen, die sich mit rein theoretischen Überlegungen zufrieden geben.

Problemlösung

Bei der Analyse von Problemen nehmen *Reformer* eine breite Perspektive ein. Sie betrachten sie aus verschiedenen Gesichtspunkten und sehen daher oft mehr als andere. Ihre Analyse ist vielschichtig, ihre Überlegungen und Ideen wiederum nehmen die Form von schlüssigen Systemen an. In Krisensituationen (wenn andere nur schwarzsehen) vermögen es *Reformer*, Möglichkeiten und Chancen zu erblicken. Dahingegen sind sie in Augenblicken der Zufriedenheit und Euphorie in der Lage, potenzielle Gefahren und Probleme vorherzusehen. In beiden Punkten sind ihre Einschätzungen für gewöhnlich zutreffend.

Sie erkennen besser als andere den Kern eines Problems und haben viel Freude bei dessen Lösung. *Reformer* gehen an Aufgaben auf innovative und unkonventionelle Art und Weise heran. Von Natur aus streben sie gründliche, systematische und weit reichende Lösungen an, die den Kern des Problems betreffen. Dahingegen stören sie sich an provisorischen Lösungen, die Probleme verdecken oder sie zeitlich verzögern, dafür aber nicht ihre Ursachen entfernen. Für gewöhnlich haben *Reformer* gegenüber sich und anderen sehr hohe Ansprüche. Bei der Realisierung von Aufgaben, an die sie glauben, wenden sie all ihre Energie auf. Sie zählen auch nicht die aufgeopferte Zeit, die es erfordert, um eine Aufgabe zu erledigen.

Wenn sie einem Problem begegnen, vermögen es *Reformer* schnell, dessen Wesen zu verstehen und notwendige Schritte einzuleiten. Dabei richten sie sich nach logischen und objektiven Prämissen und lassen sich von anderen Umständen nicht ablenken. Im Falle von Veränderungen der Bedingungen und Gegebenheiten sind *Reformer* ebenfalls imstande, genauso schnell umzulenken und ihre bisherigen Entscheidungen zu korrigieren. Wenn sie Maßnahmen ergreifen, vernachlässigen sie ab und an den sog. menschlichen Faktor. *Reformer* denken darüber nach, ob sie das Recht haben, auf die jeweilige Art und Weise zu handeln und ob es eine rationale Entscheidung sein wird. Seltener hingegen interessiert sie, wie ihr Verhalten von anderen Menschen aufgefasst wird. Solch eine Haltung bewirkt, dass ihr Verhalten manchmal als unmenschlich und unethisch angesehen wird. Es fällt jedoch schwer, *Reformern* irrationales oder unrechtmäßiges Verhalten vorzuwerfen.

Weltanschauung

Reformer vermögen es, allgemeine Regeln, die die Welt ordnen, und Bindungen zwischen einzelnen Phänomen, die auf den ersten Blick nichts miteinander zu tun haben, zu erkennen. Sie verknüpfen einzelne Elemente zu einem Ganzen und erschaffen so kohärente Systeme. *Reformer* erkennen auch sich wiederholende Schemata menschlicher Verhaltensweisen und vermögen es, Theorien zu formulieren, die sie beschreiben. *Reformer* sehen das Leben als Puzzle an – sie suchen stetig nach den fehlenden Elementen und freuen sich, wenn die einzelnen Teile sich zu einem Gesamtbild formen. Die Entdeckung des Unbekannten bereitet ihnen mehr Freude als Wissen und Erfahrung, über die sie bereits verfügen. *Reformer* vermögen es, die Erfahrungen anderer Menschen sowie verfügbare Mittel und Werkzeuge auszunutzen (oftmals kommt es vor, dass sie dies auf eine innovative, unkonventionelle Art und Weise machen). Von Natur aus sind *Reformer* hervorragende Strategen und Planer.

Gedanken

Reformer streben Perfektion an. Sie sind mit ihren Gedanken voraus und denken über aktuelle Bedürfnisse, nicht gelöste Probleme und potenzielle Möglichkeiten nach. Ihr Verstand arbeitet stets sehr intensiv, auch dann, wenn sie ausruhen. *Reformer* verspüren immer eine kreative Anspannung und eine eigentümliche innere Unruhe. Sie möchten bestehende Lösungen verbessern und effizienter gestalten. Neue Herausforderungen verleihen ihnen Energie. *Reformer* begeistern sich für neue Ideen und Theorien, die es erlauben, eine neue Sichtweise auf bisherige Probleme einzunehmen. Darüber hinaus erkennen sie überall Chancen und potenzielle Möglichkeiten.

Aufgaben

Ungeachtet des von ihnen ausgeübten Berufs zeichnen sich *Reformer* durch eine kreative und innovative Herangehensweise aus. Sie faszinieren sich für neue Entdeckungen und visionäre technische Lösungen. Oftmals sind sie selber mutige Reformer (daher auch die Bezeichnung für diesen Persönlichkeitstyp). Sie lassen sich schnell von neuen Ideen anstecken und vermögen auch, andere wiederum mit ihrer Begeisterung anzustecken, weswegen es *Reformern* einfach fällt,

Mitarbeiter zu finden, von denen sie bei der Realisierung ihrer mutigen Visionen und Projekte unterstützt werden. Manchmal überschätzen *Reformer* ihre Fähigkeiten. Für gewöhnlich wird ihre Aufmerksamkeit von neuen Herausforderungen abgelenkt, weswegen ihre Begeisterung für frühere Aufgaben verblasst.

Ein allgemeines Problem von *Reformern* ist die Tatsache, dass sie sich schnell ablenken lassen – sie begeistern sich für eine Vielzahl an verschiedenen Sachen und haben so viele Ideen, dass sie manchmal nicht imstande sind, etwas zu Ende zu bringen. Solche Situationen rufen bei ihnen oft Frust und Wut hervor. *Reformer* stören sich auch an Routine und alltäglichen Pflichten, die ihrem Empfinden nach wertvolle Zeit kosten und sie eingrenzen.

Leidenschaft

Reformer interessieren sich oftmals für technische Neuerungen, weswegen sie auch früher und lieber als andere nach neuen Gadgets greifen (die bis dato noch nicht so verbreitet sind). Unter ihren Bekannten gelten sie als Experten, denn wenn die Mehrheit darüber nachdenkt, sich ein neues Gerät zu kaufen, haben *Reformer* dieses für gewöhnlich schon längst im Haus. Darüber hinaus verstehen *Reformer* es, ihre Geräte nicht nur standardmäßig zu verwenden, aber auch fortgeschrittene Funktionen zu benutzen bzw. die Geräte auf eine ganz neue Art zu gebrauchen (die vom Hersteller so nicht vorgesehen war).

Es kommt aber gelegentlich vor, dass sie auf diese Art und Weise auch ihre Geräte kaputt machen (was besonders im jüngeren Alter passiert). Doch ebenso oft gelingt es *Reformern*, sie zu verbessern und ihnen innovative neue Funktionen zu verleihen. Mit der Zeit werden sie also nicht nur zu Rationalisierern, aber auch Projektautoren, Konstrukteuren und Erfindern. Ihre Innovation äußert sich auch durch die Koordinierung von Arbeitsabläufen, durch neue Geschäftsideen und neue Konzeptionen, die die Phänomene auf der Welt erklären sollen.

Reformer mögen für gewöhnlich Reisen und lernen gerne neue Orte, fremde Kulturen und andere Mentalitäten kennen. Von Natur aus sind sie offen für untypische und unkonventionelle Lösungen. *Reformer* verstehen es, sich an wandelnde Gegebenheiten anzupassen, die neuen Erfahrungen hierbei stellen für sie eine Inspiration und einen Impuls zum Handeln dar. Sie haben keine Angst vor Experimenten und begegnen Aufgaben auf eine völlig neue, frische Art und Weise. *Reformern* fällt es schwer, Menschen zu verstehen, die glauben, dass bei der Lösung von Problemen bereits erprobte Methoden am besten sind.

In Anbetracht von Veränderungen

Reformer fühlen sich von Veränderungen angezogen. Die Vision eines Neuanfangs wirkt inspirierend auf sie – die Möglichkeit, das Leben neu anzufangen, neue Chancen wahrzunehmen und neue Möglichkeiten in Anspruch zu nehmen. Es passiert ihnen öfter als anderen, dass sie ihr bisheriges Wertesystem verändern, sich neuen Ideen widmen oder komplett ihr Leben umstrukturieren. Dabei stört sie nicht, dass dies Neuland ist und es bislang niemand probiert hat bzw. dass andere Menschen ihre Ansichten nicht teilen.

Reformer mögen es, die ersten zu sein und fühlen sich hervorragend in der Rolle von Führern und Vorreitern, die einen Pfad zeichnen, die Richtung vorgeben und andere zu neuen Horizonten leiten. Sie gehören nicht zu all jenen, die schnell aufgeben. Hindernisse und Einschränkungen erleben sie als Herausforderung und Inspiration zum Handeln. *Reformer* führen gerne neue Projekte und Pionierlösungen ein. Nachdem dies vollbracht ist, überlassen sie jedoch oft anderen die Arbeit und wenden sich neuen Problemen zu. In der Regel reizt sie am meisten der Anfang und die Konzeptualisierung eines Projekts sowie dessen Durchführung, wohingegen sie Routine und Wiederholbarkeit von Aufgaben schlecht vertragen.

Haltung gegenüber anderen Menschen

Reformer respektieren andere Menschen, vor allem jene, die es vermögen, Herausforderungen anzunehmen, Widrigkeiten zu trotzen, Schwierigkeiten die Stirn zu bieten und sich für eine gerechte Sache einzusetzen, womit sie sich bewusst Kritik, Widerstand oder Unverständnis seitens ihres Umfelds aussetzen. *Reformer* schätzen auch Menschen, die den Mut haben, unbeliebte (aber notwendige) Veränderungen durchzuführen, womit sie auch die bestehende Ordnung antasten oder den Status quo hinterfragen. Dahingegen fällt es ihnen schwer, fremde Fehler und Versäumnisse zu dulden. Sie begegnen zudem Menschen, die über weniger Wissen und Erfahrung verfügen oder mit ihnen nicht Schritt halten können, mit Ungeduld.

Oftmals sind sie nicht imstande zu begreifen, dass andere Menschen Dinge nicht erkennen, die für sie offensichtlich sind. Ebenso wenig können sie diejenigen verstehen, die sich passiv verhalten und nicht die Initiative ergreifen. Fehlende Begeisterung ist für *Reformer* gleichbedeutend mit Passivität oder Faulheit (oftmals zu Unrecht). In der Regel vermögen es *Reformer* nicht, schlecht ausgeführter Arbeit in Ruhe zuzuschauen. In solchen Situationen sprechen sie die jeweiligen Personen sofort an, heben ihre Fehler hervor und versuchen ihr Verhalten zu korrigieren. Sie stören sich auch an unvernünftigen und unlogischen Entscheidungen anderer Menschen.

In den Augen anderer Menschen

Reformer werden als entschiedene, starke und selbstbewusste Menschen angesehen. Für gewöhnlich erfreuen sie sich auch des Rufs kreativer, rationaler und kompetenter Personen. Menschen wissen in der Regel, dass sie bei Problemen auf ihre Hilfe zählen können. Ihr Selbstbewusstsein wird jedoch oftmals als Arroganz oder Wichtigtuerei angesehen.

Viele Menschen stören sich auch daran, dass *Reformer* gerne im Mittelpunkt stehen, anderen ihre Meinung aufzwingen und immer Recht haben wollen. Einige kritisieren auch ihre fehlende Empathie, ihre Gleichgültigkeit, überhöhten Anforderungen und ihre Unempfänglichkeit für die Bedürfnisse anderer Menschen. Ihre Vorliebe für Veränderungen und die ständige Jagd nach Neuheiten bewirkt, dass manch anderer Mensch sie als inkonsequent, chaotisch und wenig ausdauernd bezeichnen würde.

Kommunikation

Eine starke Seite von *Reformern* ist die verbale Kommunikation. Sie vermögen es, komplexe Probleme und komplizierte Theorien auf einfache und verständliche Art und Weise zu erklären. Dabei äußern sie sich für gewöhnlich sehr präzise und machen bewusst von bestimmten Wörtern Gebrauch. In der Regel heben sie sich durch Selbstbewusstsein hervor. Auch wenn *Reformer* in der Minderheit sind, haben sie keine Angst, ihre Überzeugungen in aller Öffentlichkeit zu verkünden. Bei einem Meinungsstreit stellen sie eine harte

Nuss für andere dar – sie verstehen es nämlich, auf überzeugende und scharfsinnige Art und Weise ihre Überzeugungen darzulegen und auch deren Richtigkeit zu belegen.

Reformer mögen es von Natur aus, sich zu streiten und zu polemisieren – sei es nur um der Freude willen. Ferner vermögen sie es, schnell auf Fragen zu antworten und Argumente zurückzuweisen. *Reformer* haben auch keine Angst vor Kritik, Konflikten oder negativen Reaktionen anderer Menschen. Es ist auch schwer, sie zu kränken. Für gewöhnlich sind sie sich nicht bewusst, dass andere Menschen einen niedrigeren Toleranzpegel für Kritik als sie selbst haben, weswegen sie oftmals andere Menschen mit ihren kräftigen Anmerkungen verletzen. Es kommt auch vor, dass sie andere Menschen unterbrechen und ihnen ins Wort fallen. Solch ein Verhalten kann weniger selbstbewusste Gesprächspartner entmutigen oder diese gar abschrecken.

In Stresssituationen

Reformer begeistern sich gewöhnlich für ihren Beruf. Ihre enthusiastische Haltung zu ihren Aufgaben beeinträchtigt jedoch oftmals das Gleichgewicht zwischen Beruf und Freizeit. Übermüdung und langfristiger Stress können dazu führen, dass sie stur und unbeugsam werden und ihre Ziele „über Leichen" realisieren. Eine andere mögliche Reaktion auf Stress ist bei *Reformern* übermäßige Angst vor Krankheiten und Leid oder das Gefühl der Vereinsamung, Zurückweisung oder Entfremdung.

Sozialer Aspekt der Persönlichkeit

Reformer sind offen gegenüber ihrer Umwelt und anderen Menschen. Es ist einfach, sich ihnen zu nähern und mit ihnen Kontakt zu knüpfen. Sie sind gerne dort, wo etwas passiert. Dahingegen vertragen sie keine Isolation und längere Einsamkeit. In zwischenmenschlichen Beziehungen sind *Reformer* für gewöhnlich problemlos, spontan und flexibel. Sie mögen es, neue Menschen kennenzulernen und Bekanntschaften zu knüpfen. Ferner liegt ihnen die Rolle von Gastgebern sehr nahe.

Reformer lieben Überraschungen und spontane Feiern, da sie sich recht schnell an eine neue Situation anpassen können. In der Welt menschlicher Emotionen und Gefühle dagegen fühlen sie sich für gewöhnlich verloren. Gefühlvolle und emotionale Menschen können *Reformer* infolgedessen als kühle und gleichgültige Menschen ansehen. Darüber hinaus können sie *Reformern* instrumentelle Behandlung vorwerfen (bspw. dass sie andere als Informationsquellen oder Werkzeuge zur Arbeit betrachten).

Reformer mögen Diskussionen und Auseinandersetzungen. Sie verstehen es, Konfrontationen zu ertragen und schätzen Menschen, die fähig sind, für ihre eigenen Ansichten zu kämpfen. Solch eine Einstellung schreckt aber all jene ab, die solche Bedürfnisse nicht haben. *Reformer* hingegen können Abneigung gegen Konfrontationen als Anzeichen für Schwäche oder als fehlende Überzeugung vom eigenen Standpunkt deuten.

Unter Freunden

Reformern bedeuten gute und freundschaftliche Beziehungen zu anderen Menschen sehr viel. Der Kern ihre

Freundschaften ist der Informationsaustausch, das Teilen von Ideen sowie gemeinsames Lösen von Problemen. Treffen mit anderen verleihen ihnen Energie, helfen ihnen bei der Entwicklung und stellen für sie eine positive Inspiration dar.

Sie lieben inspirierende Gespräche mit Personen, die ihnen wichtig sind, und vermögen es, über alle erdenklichen Themen zu sprechen. In der Regel gibt es für *Reformer* keine Themen, die tabu sind, weswegen *Reformer* auch keine Bedenken haben, dass das Gespräch in eine gefährliche Richtung abdriften könnte (bspw. sie dazu bewegen könnte, ihre Ansichten zu revidieren). *Reformer* verbringen gerne Zeit mit Menschen, die sich für viele Sachen interessieren und ihnen dabei helfen, Probleme aus einer anderen Sichtweise zu betrachten und die – ähnlich wie sie selbst – keine Angst vor neuen Ideen und Herausforderungen haben. *Reformer* selbst teilen ihr Wissen gerne mit, ihre Offenheit, Flexibilität und Spontanität hingegen bewirken, dass sie erwünschte Gesprächspartner und Begleiter sind.

Freunde von *Reformern* sind am häufigsten Menschen, die ihnen ähneln, intelligent sind, über Einfallsreichtum und über einen scharfsinnigen Verstand verfügen. Den Rest der Menschen fassen *Reformer* für gewöhnlich dann ins Auge, wenn sie sich für ihre Ideen und Überlegungen interessieren. Viele *Reformer* gehen davon aus, dass eine Freundschaft sie als Menschen bereichern und ihnen bei ihrer Entwicklung helfen sollte. Wenn sie aber ihr Potenzial ausgeschöpft hat, kann eine Freundschaft auch beendet werden. Unter den Freunden von *Reformern* finden sich am häufigsten *Direktoren*, *Logiker*, *Animateure* und andere *Reformer*. Am seltensten hingegen *Betreuer*, *Anwälte* und *Künstler*.

In der Ehe

Als Lebenspartner gehen *Reformer* ihre Verpflichtungen sehr ernst an. Sie bringen in Beziehungen Optimismus, Begeisterung und Spontanität mit ein und mögen neue Erfahrungen und Experimente – es ist recht schwer, sich mit ihnen zu langweilen. Ihre Hingabe äußern *Reformer* nicht so sehr durch liebevolle Gesten und herzliche Worte, aber vor allem durch konkrete Handlungen – sie sind Menschen der Tat. Von Natur aus sind sie wenig sensibel für die Gefühle ihrer Partner und neigen dazu, sich ihre emotionalen Bedürfnisse nicht vor Augen zu führen. *Reformer* vermögen es ehrlich zu lieben, zeitgleich aber keine Ahnung von den Gefühlen, Emotionen und Erlebnissen ihrer Partner zu haben. Mit ein bisschen Mühe jedoch sind sie imstande, dies zu ändern. In Beziehungen mit romantischen Partnern ist diese Mühe für *Reformer* sogar unabdingbar!

Reformer selbst haben nicht sehr viele emotionale Bedürfnisse. Sie mögen es zu wissen, wie wichtig sie für ihre Lebenspartner sind und dass sie von ihnen geliebt werden, wenngleich sie keine liebevollen Worte, Komplimente oder häufigen Liebesbeweise verlangen. Für romantische und gefühlvolle Partner kann die positive Einstellung von *Reformern* zu Konfrontationen und Streitigkeiten ein Problem darstellen. Es passiert oft, dass *Reformer* mit ihren Anmerkungen und kritischen Kommentaren ihre Nächsten verletzen und es dabei gar nicht merken. Für gewöhnlich mögen sie es auch, im Recht zu sein und haben Probleme damit, Fehler und Schwächen einzugestehen. Ferner fällt es *Reformern* schwer, ihre eigenen Gefühle und Empfindungen in Worte zu fassen.

In Zeiten intensiver Arbeit oder bei besonders hohem Stress sind *Reformer* ab und an schwierige Partner.

Sie können dann stur werden, die Bedürfnisse anderer missachten oder Druck auf andere ausüben. *Reformer* lassen sich sehr schnell von neuen Ideen begeistern und beginnen blitzschnell mit der Arbeit an Aufgaben, die ihren Enthusiasmus wecken. Sie vermögen es, ihnen ihre ganze Energie und Zeit zu opfern. Dies kann zu Problemen in der Beziehung führen, vor allem dann, wenn ihre Partner ihre Leidenschaften nicht teilen oder sie nicht verstehen. Die Begeisterung von *Reformern* kann auch Angelegenheiten betreffen, die mit der Familie zu tun haben (sie neigen dazu, Aufgaben und Probleme als Projekte zu betrachten, die es zu realisieren gilt). Es kommt aber vor, dass ihre Begeisterung verblasst, sofern am Horizont neue Aufgaben und aufregende Herausforderungen auftauchen. Obwohl ihre Vorsätze ehrlich sind, haben *Reformer* ab und zu Schwierigkeiten damit, Versprechen einzuhalten und Ideen, die sie anfangs begeistert haben, zu realisieren. Eine potenzielle Gefahr für die Stabilität ihrer Beziehungen ist das für *Reformer* charakteristische Bedürfnis nach neuen Erfahrungen und ihre Vorliebe für Abenteuer und Experimente. *Reformer* streben gute Beziehungen zu anderen Menschen an und versuchen in der Regel, Trennungen zu vermeiden, wenngleich sie es vermögen, eine Beziehung zu beenden, sofern sie ihrer Ansicht nach schädlichen und destruktiven Einfluss auf sie ausübt.

Natürliche Kandidaten als Lebenspartner sind für *Reformer* Personen mit verwandten Persönlichkeitstypen: *Direktoren*, *Logiker* oder *Strategen*. In solchen Beziehungen ist es für sie einfacher, gegenseitiges Verständnis und harmonische Beziehungen aufzubauen. Die Erfahrung zeigt aber, dass *Reformer* auch imstande sind, gelungene, glückliche Beziehungen mit Personen einzugehen, deren Typ offensichtlich völlig verschieden ist. Umso interessanter sind diese Beziehungen, da die Unterschiede zwischen den Partnern der Beziehung Dynamik verleihen und Einfluss auf die persönliche Entwicklung nehmen können (viele Personen bevorzugen diese Perspektive, die sich für sie interessanter gestaltet als eine harmonische Beziehung, in der ständig Einklang und gegenseitiges Verständnis herrscht).

Als Eltern

Als Eltern verstehen *Reformer* hervorragend die kindliche Neugier. In gewisser Hinsicht haben sie selber stets etwas von einem Kind und verlieren diese Neugier nie: sie mögen Experimente, Abenteuer und Spiele. Ferner versuchen sie ihren Kindern so viele Erlebnisse und Anreize wie möglich zu vermitteln. *Reformer* organisieren gerne unterschiedliche Ausflüge und verrückte Veranstaltungen, bei denen sie selber genau so viel Spaß haben, wie ihre Kinder. In der Regel lehren sie ihre Kinder kritisch zu denken und versuchen sie zu unabhängigen, eigenständigen Menschen zu erziehen, die fähig sind, Fakten objektiv zu beurteilen und rationale, logische Entscheidungen zu treffen.

Eines ihrer weiteren Probleme ist ihr unvorhersehbares Auftreten. Manchmal versprechen sie ihren Kindern etwas oder legen mit ihnen etwas fest, um es später nicht einzuhalten. *Reformer* lassen sich auch einfach ablenken – wenn sie von einer neuen Vision gefesselt sind, geben sich *Reformer* ihr voll und ganz hin und verlieren dabei gelegentlich die Bedürfnisse ihrer Kinder oder frühere Abmachungen aus dem Auge. Erwachsene Kinder schätzen an ihren *Reformern* die Tatsache, dass sie ihre Unabhängigkeit respektiert, sie bei der Entwicklung ihrer Leidenschaften unterstützt und sie

Eigenständigkeit gelehrt haben. Ferner erinnern sie sich auch gerne zurück an die gemeinsamen Familienausflüge und Experimente sowie alle wertvollen Augenblicke, die sie bei gemeinsamem Spaß zusammen mit ihren *Reformern* erlebt haben.

Arbeit und Karriere

Reformer mögen es, wenn sie in ihrer Arbeit die Möglichkeit haben, zu experimentieren. Sie eignen sich hervorragend für Pionieraufgaben und gebrauchen oftmals Methoden, die andere nicht wagen würden. *Reformer* wenden neue Lösungen an oder nutzen bereits bestehende Strategien auf eine innovative Art und Weise, womit sie eine komplett neue Qualität erschaffen. Sie mögen „unerfüllbare" Aufgaben und agieren gerne an vorderster Front.

Talent und Herausforderungen

Reformer werden vom Bewusstsein motiviert, dass es ungelöste Probleme und potenzielle, nicht wahrgenommene Möglichkeiten gibt. Das größte Problem wiederum stellen für sie Tätigkeiten dar, die nach Routine, Wiederholbarkeit und schematischen Maßnahmen verlangen. Für gewöhnlich mögen *Reformer* keine Aufgaben, die lange vorbereitet werden müssen, wohingegen sie es verstehen, hervorragend zu improvisieren und sich schnell an neue Situationen anzupassen. Sie sind imstande, mehrere Aufgaben gleichzeitig zu bearbeiten und auch verschiedene Pflichten zu übernehmen. Ferner mögen *Reformer* Experimente und Veränderungen. Im Angesicht neuer, aufregender Aufgaben vergessen sie oftmals frühere Abmachungen und Verpflichtungen. Darüber hinaus haben *Reformer* auch Probleme damit, systematisch ihre Angelegenheiten zu Ende zu bringen.

Im Team

Reformer mögen Teamarbeit. Für gewöhnlich pflegen sie gute Kontakte zu anderen Menschen und werden von ihnen gemocht. In der Regel bevorzugen sie aber Aufgaben, die nach Kreativität und der Fähigkeit, Probleme zu lösen, verlangen, statt nach Empathie sowie dem Vermögen, menschliche Emotionen, Empfindungen und Bedürfnisse zu deuten. Am liebsten arbeiten sie mit Menschen, die Experten auf ihrem Gebiet sind und die offen für Experimente sowie kreative, innovative und sogar riskante Unterfangen sind. Dahingegen lehnen sie die Zusammenarbeit mit Menschen ab, die alles „nach dem Alten" machen möchten, „erprobte Methoden" bevorzugen und sich krampfhaft an Regeln und Vorgaben halten.

Aufgaben

In der Regel mögen *Reformer* kein Schubladendenken und keine starren, steifen und bürokratischen Strukturen. Sie lassen sich nicht von Argumenten überzeugen, die auf Tradition basieren. Wenn *Reformer* eine Lösung als ineffektiv einstufen, sind sie imstande, sie abzulehnen, ungeachtet dessen, wer sie eingeführt hat und wie lange sie bereits angewandt wird (solch eine Haltung bewirkt, dass sie manchmal als Revolutionäre oder Umstürzler angesehen werden). Für gewöhnlich ordnen sie sich nur ungern jeglichen Reglements oder Vorgaben unter.

Einschränkungen institutioneller und rechtlicher Natur werden von *Reformern* oftmals als Hindernisse auf ihrem Weg zum Ziel wahrgenommen. Wenn sie

Bestimmungen als realitätsfremd und sinnlos erachten, vermögen sie es, sie bewusst zu ignorieren. Manchmal behandeln sie auch Menschen auf diese Art und Weise, wenn sie der Ansicht sind, dass sie von diesen bei der Realisierung ihrer Ideen gestört werden. Wenn *Reformer* fest von der Notwendigkeit einer Maßnahme überzeugt sind, üben sie oft Druck auf all jene aus, die ihnen im Weg stehen. Ihre Sturheit ist oftmals der Schlüssel zum Erfolg, wenngleich sie auch einen destruktiven Charakter hat.

Reformer finden sich am besten in Unternehmen zurecht, die ihren Mitarbeiten Freiheiten bei der Realisierung von Aufgaben gewähren, Experimente erlauben, sie zu neuen Lösungen anspornen und ihre Kreativität, Aktivität und Innovation unterstützen. Ferner fühlen sie sich in einem Umfeld wohl, in dem Gespräche über jedes Thema möglich sind und in dem jeder frei seine Meinung äußern kann.

Vorgesetzte

Reformer schätzen Vorgesetzte, die ihren Mitarbeitern Freiheiten in der Arbeit gewähren und sich durch ihr Wissen, ihre Erfahrung, ihre Kompetenzen und ihren Professionalismus hervorheben. Sie schätzen Menschen, die echte Experten auf ihrem Gebiet sind und keine Angst vor Experimenten haben (bspw. dem Verzicht auf bisherige Arbeitsmethoden und der Anwendung innovativer Lösungen). Sie bevorzugen Vorgesetzte, die bei der Beurteilung ihrer Mitarbeiter auf deren Kreativität, Ideen, ausgeführte Aufgaben und gelöste Probleme achten, statt die Menge an vollgeschriebenem Papier oder die pedantische Befolgung von Prozeduren zum Maßstab zu machen.

Auf eine ähnliche Art und Weise benoten sie ihre eigenen Mitarbeiter, die sie am liebsten unter Menschen rekrutieren, die fähig sind, eigenständige Entscheidungen zu treffen, wissen, was in der jeweiligen Situation zu tun ist und keiner ständigen Instruktionen, Hinweise oder engen Kontrolle bedürfen. Sie reagieren verärgert auf Mitarbeiter, die an der Hand geführt werden müssen. *Reformer* gehören nicht zu den Vorgesetzten, die ihre Mitarbeiter mit Komplimenten überhäufen, um ihr Selbstwertgefühl zu verbessern und so die Arbeitsatmosphäre zu verbessern. Sie verstehen es aber sehr wohl, ihre Mitarbeiter für Errungenschaften zu loben und für Erfolge zu belohnen.

Reformer sind natürliche Anführer und Visionäre. Sie verstehen es, die Richtung aufzuzeigen, anderen bestehende Möglichkeiten darzubieten, sie zu inspirieren, ihnen Mut zu geben und sie mit ihrer Begeisterung sowie dem Glauben an Erfolg anzustecken. Als Anführer brauchen sie jedoch starke Unterstützung seitens ihrer Assistenten oder Sekretäre, die ihnen bei praktischen Pflichten und Routineaufgaben aushelfen.

Berufe

Das Wissen über das eigene Persönlichkeitsprofil sowie die natürlichen Präferenzen stellen eine unschätzbare Hilfe bei der Wahl des optimalen Berufsweges dar. Die Erfahrung zeigt, dass *Reformer* mit Erfolg in verschiedenen Bereichen arbeiten und aufgehen können. Doch dieser Persönlichkeitstyp prädisponiert sie auf natürliche Art und Weise zu folgenden Berufen:

- Event-Veranstalter,
- Experte für Marketing,
- Experte für Öffentlichkeitsarbeit,
- Finanzanalytiker,

- Finanzberater,
- Fotograf,
- Handelsvertreter,
- Immobilienvertreter,
- Ingenieur,
- Investor,
- IT-Analytiker,
- Journalist,
- Jurist,
- Künstler,
- Künstlerischer Leiter,
- Logistiker,
- Makler,
- Musiker,
- Planer,
- Politiker,
- Pressevertreter,
- Programmierer,
- Projektkoordinator,
- Psychiater,
- Psychologe,
- Reporter,
- Schauspieler,
- Schriftsteller,
- Wissenschaftler,
- Unternehmer.

Potenzielle starke und schwache Seiten

Ähnlich wie auch andere Persönlichkeitstypen haben *Reformer* potenzielle starke und schwache Seiten. Dieses Potenzial kann auf verschiedenste Weise ausgeschöpft werden. Glück im Privatleben sowie Erfolg im Beruf hängen bei *Reformern* davon ab, ob sie die Chancen, die mit ihrem Persönlichkeitstyp verknüpft sind, nutzen und ob sie den Gefahren auf ihrem Weg die Stirn bieten können. Im Folgenden eine ZUSAMMENFASSUNG dieser Chancen und Gefahren:

Potenzielle starke Seiten

Reformer sind scharfsinnig, kreativ und optimistisch. Sie vermögen es andere mit ihrer Begeisterung und dem Glauben an den Erfolg anzustecken. Sie gehen rational und logisch vor und lassen sich nicht von anderen manipulieren. Es fällt *Reformern* überaus leicht, sich komplexe Theorien und Konzepte anzueignen. Sie sind von Natur aus neugierig und verstehen die Phänomene und Mechanismen, die das Verhalten von Menschen bedingen. *Reformer* erkennen Verbindungen und Beziehungen zwischen verschiedenen Ereignissen und vermögen es, Probleme aus verschiedenen Gesichtspunkten zu betrachten. Sie erkennen schneller als andere neue Möglichkeiten und zukünftige, potenzielle Gefahren. Sie sind unternehmerisch und energisch und vermögen es, Menschen mit ihrem Glauben an den Erfolg anzustecken und sie zum Handeln zu motivieren.

Reformer mögen neue Denkansätze und wegbereitende Ideen. Sie nutzen gerne innovative Lösungen und Methoden und vermögen es, Probleme auf unkonventionelle Art und Weise zu lösen. *Reformer* sind überaus kreativ und mutig. Sie haben keine Angst vor Experimenten, lernen gerne neue Dinge und nehmen Herausforderungen an. *Reformer* bevorzugen es, komplexe Probleme anzugehen und haben keine Angst vor Risiko. Ferner verstehen sie es, sich an neue Situationen anzupassen und sind überaus flexibel. Sie fühlen sich wohl, wenn sie unter anderen Menschen sind und im Team arbeiten. In der Regel verfügen sie über hervorragende kommunikative Fähigkeiten und vermögen es, ihre Gedanken klar und verständlich zu äußern und sie auch im Fall der Fälle zu verteidigen. *Reformer* können gut mit Kritik umgehen und haben keine Angst vor Konfrontationen. Auch schwierige Konflikte stellen für sie kein Problem dar. *Reformer* streben Selbstentfaltung an und helfen gerne anderen bei ihrer Entwicklung.

Potenzielle schwache Seiten

Die Vorliebe für Veränderungen und Experimente, die Jagd nach Neuheiten sowie die Fixierung auf die neuesten und stärksten Impulse bewirken, dass es *Reformern* einfacher fällt, etwas zu beginnen als es zu Ende zu führen. Sie lassen sich darüber hinaus auch einfach ablenken und verlieren ihre Begeisterung für bereits begonnene Unterfangen, wenn am Horizont neue Probleme und Herausforderungen auftauchen. Im Endresultat belassen sie viele Ideen als Konzeptionen, ohne sie dabei zu verwirklichen. Ferner haben sie Probleme, ihre Zeit zu verwalten, sich selbst zu disziplinieren, Entscheidungen zu treffen und Versprechen sowie Termine einzuhalten. Auch die Benennung von Prioritäten und die Anpassung ihrer Aufgaben an diese bereiten *Reformern* große Probleme. In der Regel vermögen es *Reformer* auch nicht, steife Prozeduren einzuhalten und laut Anleitung vorzugehen.

Eines ihrer häufigsten Probleme ist auch ihre Ungeduld gegenüber weniger erfahrenen Menschen, die Hinweise, Vorgaben und Tipps benötigen. Ihr Mut sowie ihr unbeugsamer Glaube an den Erfolg können zu riskanten Schritten und radikalen Lösungen führen. *Reformer* neigen dazu, ihre Fähigkeiten zu überschätzen und Grenzen zu missachten. Ihr Unvermögen, die Gefühle und Empfindungen anderer Personen zu erkennen und selbst auch ihre Gefühle nicht in Worte fassen zu können, kann zu Problemen in ihren Beziehungen mit Freunden und Familie führen. Wiederum ihre kritischen Anmerkungen, ihre konfrontative Haltung, ihre Tendenz, sich immer durchsetzen zu müssen sowie ihre Vorliebe für Konflikte und Polemiken können andere Menschen abschrecken und sensible unter ihnen gar verletzen.

Persönliche Entwicklung

Die persönliche Entwicklung von *Reformern* hängt davon ab, in welchem Grad sie ihr natürliches Potenzial nutzen und ob sie die Gefahren, die in Verbindung mit ihrem Typ stehen, zu bewältigen vermögen. Die folgenden praktischen Tipps stellen eine Art Dekalog des *Reformers* dar.

Lernen Sie, Ihre Zeit zu verwalten und Prioritäten zu setzen

Enthusiasmus ist Ihre Hauptantriebskraft, aber ein Zeitrahmen, ein Arbeitsplan sowie eine Prioritätenliste müssen nicht zwangsweise Ihre Kreativität einschränken, ihre Bewegungen fesseln oder Sie bei der Realisierung Ihrer Pläne stören. Ganz im Gegenteil! Entsprechend angewandt helfen Sie Ihnen, Ihre Ziele zu erreichen.

Seien Sie praktischer

Denken Sie über die praktischen Aspekte Ihrer Ideen und Theorien nach. Um sie voll auszunutzen und ihr Potenzial zu verwerten, müssen Sie andere Menschen von ihnen überzeugen. Überlegen Sie sich, wie sie realisiert werden könnten. Lassen Sie nicht zu, dass die Früchte Ihrer Arbeit in der Schublade landen.

Beenden Sie das, was Sie begonnen haben

Sie beginnen mit Begeisterung neue Aufgaben, es fällt Ihnen aber schwer, sie auch abzuschließen. Versuchen Sie festzustellen, was für Sie das Wichtigste ist und wie Sie es erreichen können. Fangen Sie daraufhin an, zu arbeiten, verfolgen Sie Ihre Prioritäten und lassen Sie sich dabei nicht von weniger wichtigen Dingen ablenken!

Sehen Sie ein, dass Sie irren können

Angelegenheiten können weitaus komplexer sein, als es Ihnen erscheint. Sie müssen nicht immer Recht haben. Behalten Sie das im Auge, bevor Sie anderen Menschen ihre Fehler aufzeigen oder ihnen die Schuld zuweisen.

Kritisieren Sie weniger

Nicht jeder ist imstande, konstruktive Kritik wie Sie zu vertragen. Auf viele Personen hat offene Kritik einen destruktiven Einfluss. Forschungen zufolge wirkt Lob für positive Verhaltensweisen, selbst wenn diese nur selten vorkommen, motivierender auf Menschen als die Kritik an negativem Verhalten.

Lehnen Sie die Ideen und Meinungen anderer Menschen nicht ab

Wenn Meinungen im Widerspruch zu Ihren Ansichten stehen, gehen Sie nicht automatisch davon aus, dass sie falsch sind. Bevor Sie sie als wertlos einstufen, denken Sie zuerst gründlich über sie nach und versuchen Sie, sie zu verstehen.

Erkennen Sie die positiven Seiten

Suchen Sie nicht ständig nach Fehlern, Mängeln oder logischen Widersprüchen. Stellen Sie die wohlgemeinten Intentionen anderer Menschen nicht in Frage. Lernen Sie auch die positiven Aspekte des Lebens zu erkennen und konzentrieren Sie sich auf diese.

Seien Sie nachsichtiger

Zeigen Sie anderen Menschen mehr Geduld. Vergessen Sie nicht, dass nicht jedem Menschen die gleiche Aufgabe zugeteilt werden kann, da nicht alle gleiche Fähigkeiten in denselben Bereichen besitzen. Wenn andere Menschen mit einer Aufgabe nicht klarkommen, muss es nicht immer ein Anzeichen von bösem Willen oder Faulheit sein.

Denken Sie an Termine und Jahrestage

Ein geplantes Treffen, Geburtstage von Verwandten sowie familiäre Jahrestage können Ihnen als etwas Unwichtiges erscheinen, vor allem vor dem Hintergrund der Angelegenheiten, mit denen Sie sich befassen. Für andere Menschen haben solche Daten aber eine immense Bedeutung. Wenn Sie es also nicht schaffen, solche Tage im Gedächtnis zu behalten, dann notieren Sie sie!

Loben Sie andere Menschen

Nutzen Sie jede Gelegenheit, um andere Menschen wertzuschätzen, ihnen etwas Gutes zu sagen und sie für ihre Handlungen zu loben. Auf der Arbeit sollten Sie Menschen nicht nur für die erledigten Aufgaben schätzen, sondern auch dafür, was es für Menschen sind. Sie werden den Unterschied merken und überrascht sein!

Bekannte Personen

Eine Liste bekannter Personen, die dem Profil des *Reformers* entsprechen:

- **Lewis Carrol**, eigtl. Charles Lutwidge Dodgson (1832-1898) – britischer Schriftsteller (u. a. *Alice im Wunderland*) und Mathematiker, Autor von ca. 250 wissenschaftlichen Abhandlungen im Bereich der Mathematik, Logik und Kryptografie;
- **Thomas Edison** (1847-1931) – US-amerikanischer Erfinder; einer der bekanntesten und schöpferischsten Erfinder aller Zeiten, Autor von über 1000 Patenten (u. a. die Glühbirne und der Phonograph), Unternehmer und Gründer der wissenschaftlichen Zeitschrift „Science";
- **Nikola Tesla** (1856-1943) – kroatischer Erfinder, Dichter und Maler, Autor von 112 Patenten (u. a. der elektrische Motor und die Solarbatterie);
- **Theodor Roosevelt** (1858-1919) – 26. Präsident der Vereinigten Staaten, Friedensnobelpreisträger;

- **Buckminster Fuller** (1895-1983) – US-amerikanischer Konstrukteur und Architekt – Pionier der Hi-Tech-Architektur und Autor der sog. Fuller-Kuppeln;
- **Walter Disney** (1901-1966) – US-amerikanischer Filmproduzent, Regisseur, Drehbuchautor, Filmanimateur, Unternehmer und Philanthrop, Gründer von Disneyland und der The Walt Disney Company;
- **Richard Phillips Feynman** (1919-1988) – US-amerikanischer Physiker, einer der Schöpfer der Quantenelektrodynamik, ausgezeichnet mit dem Nobelpreis für Physik;
- **Jeremy Brett**, eigtl. Peter Jeremy William Huggins (1933-1995) – britischer Fernseh- und Filmschauspieler (u. a. *Sherlock Holmes*);
- **John Marwood Cleese** (geb. 1939) – britischer Komiker, Mitglied der Gruppe Monty Python;
- **Roberto Benigni** (geb. 1952) – italienischer Bühnen- und Filmschauspieler, Drehbuchautor und Regisseur (u. a. *Das Leben ist schön*);
- **James Francis Cameron** (geb. 1954) – kanadischer Regisseur von Actionfilmen (u. a. *Terminator*);
- **Tom Hanks**, eigtl. Thomas Jeffrey Hanks (geb. 1956) – US-amerikanischer Schauspieler (u. a. *Philadelphia*), Regisseur und Filmproduzent, Träger zahlreicher prestigeträchtiger Auszeichnungen (u. a. Oscar, Golden Globe, Emmy);
- **Jamie Lee Curtis** (geb. 1958) – US-amerikanische Filmschauspielerin (u. a. *Ein Fisch namens Wanda*) und Kinderbuchautorin;

- **Boris Johnson**, eigtl. Alexander Boris de Pfeffel Johnson (geb. 1964) – britischer Publizist und Politiker, Bürgermeister von London (2008-2016) und Premierminister des Vereinigten Königreichs (2019-2022);
- **Salma Hayek**, eigtl. Salma Hayek Jiménez (geb. 1966) – mexikanisch-amerikanische Filmschauspielerin (u. a. *Desperado*);
- **Celine Dion** (geb. 1968) – kanadische Sängerin mit einigen der weltweit erfolgreichsten Verkaufszahlen für Alben von Sängerinnen.

Die 16 Persönlichkeits-
typen im Überblick

Der Animateur (ESTP)

Lebensmotto: *Lasst uns etwas unternehmen!*

Energisch, aktiv und unternehmerisch. Sie mögen die Gesellschaft anderer Menschen und sind imstande, den Augenblick zu genießen. Spontan, flexibel und offen für Veränderungen.

Enthusiastische Anreger und Initiatoren, die andere zum Handeln motivieren. Logisch, rational und überaus pragmatisch. *Animateure* sind Realisten, die abstrakte Ideen und die Zukunft betreffende Erwägungen ermüdend finden. Sie konzentrieren sich viel mehr auf konkrete Lösungen von aktuellen Problemen. Sie haben manchmal Schwierigkeiten bei der Organisation und Planung, denn sie neigen zu impulsiven Handlungen, weswegen es passieren kann, dass sie erst handeln und dann nachdenken.

Natürliche Veranlagungen des *Animateurs*

- Die Quelle seiner Lebensenergie: seine äußere Welt.
- Informationsaufnahme: Sinne.
- Art und Weise wie Entscheidungen getroffen werden: Verstand.
- Lebensstil: spontan.

Ähnliche Persönlichkeitstypen

- *Verwalter*
- *Praktiker*
- *Inspektor*

Statistische Angaben

- *Animateure* stellen ca. 6-10 % der Gesellschaft dar.
- Unter *Animateuren* überwiegen Männer (60 %).
- Das Land, welches dem Profil des *Animateurs* entspricht, ist Australien.[2]

Buchstaben-Code

Der universelle Code des *Animateurs* ist in den Jungschen Persönlichkeitstypologien ESTP.

Mehr:

Jarosław Jankowski
Ihr Persönlichkeitstyp: Animateur (ESTP)

---

[2] Dies bedeutet nicht, dass alle Einwohner von Australien zu dieser Gruppe gehören, wenngleich die australische Gesellschaft – als Ganzes – viele charakteristische Eigenschaften des *Animateurs* verkörpert.

Der Anwalt (ESFJ)

Lebensmotto: *Wie kann ich dir helfen?*

Enthusiastisch, energisch und gut organisiert. Praktisch, verantwortungsbewusst und gewissenhaft. Darüber hinaus herzlich und überaus gesellig.

Anwälte erkennen menschliche Stimmungen, Emotionen und Bedürfnisse. Sie schätzen Harmonie und vertragen schlecht Kritik oder Konflikte. Sie sind sehr sensibel in Bezug auf Ungerechtigkeiten sowie das Leid anderer Menschen. Sie interessieren sich aufrichtig für die Probleme anderer und sind glücklich, wenn sie ihnen helfen können. Indem sie sich um die Bedürfnisse anderer kümmern, vernachlässigen sie oftmals ihre eigenen. *Anwälte* neigen dazu, anderen auszuhelfen. Sie sind anfällig für Manipulationen.

Natürliche Veranlagungen des *Anwalts*

- Die Quelle seiner Lebensenergie: seine äußere Welt.
- Informationsaufnahme: Sinne.
- Art und Weise wie Entscheidungen getroffen werden: Herz.
- Lebensstil: organisiert.

Ähnliche Persönlichkeitstypen

- *Moderator*
- *Betreuer*
- *Künstler*

Statistische Angaben

- *Anwälte* stellen ca. 10-13 % der Gesellschaft dar.

- Unter *Anwälten* überwiegen Frauen (70 %).
- Das Land, welches dem Profil des *Anwalts* entspricht, ist Kanada.

Buchstaben-Code

Der universelle Code des *Anwalts* ist in den Jungschen Persönlichkeitstypologien ESFJ.

Mehr:

Jarosław Jankowski
Ihr Persönlichkeitstyp: Anwalt (ESFJ)

Der Berater (ENFJ)

Lebensmotto: *Meine Freunde sind meine Welt.*

Optimistisch, enthusiastisch und scharfsinnig. Höflich und taktvoll. Sie verfügen über ein unglaubliches Empathievermögen, wodurch es sie glücklich stimmt, durch selbstloses Handeln anderen Menschen Gutes zu tun. *Berater* vermögen es, Einfluss auf das Leben anderer zu nehmen – sie inspirieren, entdecken in ihnen verstecktes Potenzial und verleihen ihnen Glauben an das eigene Können. *Berater* strahlen Wärme aus, weswegen sie andere Menschen anziehen. Sie helfen ihnen oftmals, persönliche Probleme zu lösen.

Doch *Berater* neigen dazu, gutgläubig zu sein und die Welt durch eine rosarote Brille zu betrachten. Da sie ständig auf andere Menschen fixiert sind, vergessen sie oftmals ihre eigenen Bedürfnisse.

Natürliche Veranlagungen des *Beraters*

- Die Quelle seiner Lebensenergie: seine äußere Welt.

- Informationsaufnahme: Intuition.
- Art und Weise wie Entscheidungen getroffen werden: Herz.
- Lebensstil: organisiert.

Ähnliche Persönlichkeitstypen

- *Enthusiast*
- *Mentor*
- *Idealist*

Statistische Angaben

- *Berater* stellen ca. 3-5 % der Gesellschaft dar.
- Unter *Beratern* überwiegen Frauen (80 %).
- Das Land, welches dem Profil des *Beraters* entspricht, ist Frankreich.

Buchstaben-Code

Der universelle Code des *Beraters* ist in den Jungschen Persönlichkeitstypologien ENFJ.

Mehr:

Jarosław Jankowski
Ihr Persönlichkeitstyp: Berater (ENFJ)

Der Betreuer (ISFJ)

Lebensmotto: *Mir liegt viel an deinem Glück.*

Herzlich, bescheiden, vertrauenswürdig und überaus loyal. An erster Stelle stehen für *Betreuer* andere Menschen. Sie erkennen ihre Bedürfnisse und möchten ihnen helfen. Sie sind praktisch, gut organisiert und verantwortungsbewusst. Ferner zeichnen sie sich durch Geduld, Fleiß und Ausdauer aus. Sie führen ihre Pläne zu Ende.

Betreuer bemerken und prägen sich Details ein. Sie schätzen Ruhe, Stabilität und freundschaftliche Beziehungen zu anderen Menschen. Darüber hinaus vermögen sie es, Brücken zwischen Menschen zu bauen. Sie vertragen nur schlecht Kritik und Konflikte. *Betreuer* verfügen über ein starkes Pflichtbewusstsein und sind stets bereit anderen zu helfen. Manchmal werden sie von anderen ausgenutzt.

Natürliche Veranlagungen des *Betreuers*

- Die Quelle seiner Lebensenergie: sein Inneres.
- Informationsaufnahme: Sinne.
- Art und Weise wie Entscheidungen getroffen werden: Herz.
- Lebensstil: organisiert.

Ähnliche Persönlichkeitstypen

- *Künstler*
- *Anwalt*
- *Moderator*

Statistische Angaben

- *Betreuer* stellen ca. 8-12 % der Gesellschaft dar.
- Unter *Betreuern* überwiegen Frauen (70 %).
- Das Land, welches dem Profil des *Betreuers* entspricht, ist Schweden.

Buchstaben-Code

Der universelle Code des *Betreuers* ist in den Jungschen Persönlichkeitstypologien ISFJ.

Mehr:

Jarosław Jankowski
Ihr Persönlichkeitstyp: Betreuer (ISFJ)

Der Direktor (ENTJ)

Lebensmotto: *Ich sage euch, was zu tun ist!*

Unabhängig, aktiv und entschieden. Rational, logisch und kreativ. *Direktoren* betrachten analysierte Probleme in einem breiteren Kontext und sind imstande, die Konsequenzen von menschlichem Verhalten vorherzusehen. Sie zeichnen sich durch Optimismus und eine gesunde Selbstsicherheit aus. Sie können theoretische Konzepte in konkrete, praktische Pläne umwandeln.

Visionäre, Mentoren und Organisatoren. *Direktoren* verfügen über natürliche Führungsqualitäten. Ihre starke Persönlichkeit, ihr kritisches Urteilsvermögen sowie ihre Direktheit verunsichern andere Menschen häufig und führen zu Problemen bei zwischenmenschlichen Beziehungen.

Natürliche Veranlagungen des *Direktors*

- Die Quelle seiner Lebensenergie: seine äußere Welt.
- Informationsaufnahme: Intuition.
- Art und Weise wie Entscheidungen getroffen werden: Verstand.
- Lebensstil: organisiert.

Ähnliche Persönlichkeitstypen

- *Reformer*
- *Stratege*
- *Logiker*

Statistische Angaben

- *Direktoren* stellen ca. 2-5 % der Gesellschaft dar.
- Unter *Direktoren* überwiegen Männer (70 %).
- Das Land, welches dem Profil des *Direktors* entspricht, sind die Niederlande.

Buchstaben-Code

Der universelle Code des *Direktors* ist in den Jungschen Persönlichkeitstypologien ENTJ.

Mehr:

Jarosław Jankowski
Ihr Persönlichkeitstyp: Direktor (ENTJ)

Der Enthusiast (ENFP)

Lebensmotto: *Wir schaffen das!*

Energisch, enthusiastisch und optimistisch. Sie sind lebensfreudig und sind mit den Gedanken in der Zukunft. Dynamisch, scharfsinnig und kreativ. *Enthusiasten* mögen Menschen und schätzen ehrliche und authentische Beziehungen. Sie sind herzlich und emotional. *Enthusiasten* können aber schlecht mit Kritik umgehen. Sie verfügen über Empathie und erkennen die Bedürfnisse, Emotionen und Motive anderer Menschen. Sie inspirieren und stecken andere mit ihrem Enthusiasmus an.

Enthusiasten mögen es, im Zentrum der Aufmerksamkeit zu sein. Sie sind flexibel und vermögen es, zu improvisieren. Sie neigen zu idealistischen Ideen. *Enthusiasten* lassen sich einfach ablenken und haben Probleme damit, viele Angelegenheiten zu Ende zu bringen.

Natürliche Veranlagungen des *Enthusiasten*

- Die Quelle seiner Lebensenergie: seine äußere Welt.
- Informationsaufnahme: Intuition.
- Art und Weise wie Entscheidungen getroffen werden: Herz.
- Lebensstil: spontan.

Ähnliche Persönlichkeitstypen

- *Berater*
- *Idealist*
- *Mentor*

Statistische Angaben

- *Enthusiasten* stellen ca. 5-8 % der Gesellschaft dar.
- Unter *Enthusiasten* überwiegen Frauen (60 %).
- Das Land, welches dem Profil des *Enthusiasten* entspricht, ist Italien.

Buchstaben-Code

Der universelle Code des *Enthusiasten* ist in den Jungschen Persönlichkeitstypologien ENFP.

Mehr:

Jarosław Jankowski
Ihr Persönlichkeitstyp: Enthusiast (ENFP)

Der Idealist (INFP)

Lebensmotto: *Man kann anders leben.*

Sensibel, loyal und kreativ. Sie möchten im Einklang mit ihren Werten leben. *Idealisten* interessieren sich für die spirituelle Wirklichkeit und gehen den Geheimnissen des Lebens nach. Sie nehmen sich die Probleme der Welt zu Herzen und stehen Bedürfnissen anderer Menschen offen gegenüber. *Idealisten* schätzen Harmonie und Ausgeglichenheit.

Sie sind romantisch und dazu fähig, ihre Liebe zu anderen zu äußern, wobei sie selbst auch Wärme und Zärtlichkeit brauchen. Sie vermögen es, Motive und Gefühle anderer Menschen hervorragend zu erkennen. *Idealisten* bauen gesunde, tiefgründige und dauerhafte Beziehungen auf. In Konfliktsituationen verlieren sie den Boden unter den Füßen. Sie können Kritik und Stress nicht vertragen.

Natürliche Veranlagungen des *Idealisten*

- Die Quelle seiner Lebensenergie: seine innere Welt.
- Informationsaufnahme: Intuition.
- Art und Weise wie Entscheidungen getroffen werden: Herz.
- Lebensstil: spontan.

Ähnliche Persönlichkeitstypen

- *Mentor*
- *Enthusiast*
- *Berater*

Statistische Angaben

- *Idealisten* stellen ca. 1-4 % der Gesellschaft dar.
- Unter *Idealisten* überwiegen Frauen (60 %).
- Das Land, welches dem Profil des *Idealisten* entspricht, ist Thailand.

Buchstaben-Code

Der universelle Code des *Idealisten* ist in den Jungschen Persönlichkeitstypologien INFP.

Mehr:

Jarosław Jankowski
Ihr Persönlichkeitstyp: Idealist (INFP)

Der Inspektor (ISTJ)

Lebensmotto: *Die Pflicht geht vor.*

Menschen, auf die man sich immer verlassen kann. Wohlerzogen, pünktlich, zuverlässig, gewissenhaft, verantwortungsbewusst – die Zuverlässigkeit in Person. Analytisch, methodisch, systematisch und logisch. *Inspektoren* werden als beherrschte, kühle und ernsthafte Menschen angesehen. Sie schätzen Ruhe, Stabilität und Ordnung. *Inspektoren* mögen keine Veränderungen, dafür aber klare und konkrete Regeln.

Sie sind arbeitsam und ausdauernd, weswegen sie Angelegenheiten zu Ende bringen können. Es sind

Perfektionisten, die über alles die Kontrolle haben möchten. Sie äußern sparsam Lob und sind nicht imstande, der Wichtigkeit der Gefühle und Emotionen anderer Menschen die gebürtige Beachtung zu schenken.

Natürliche Veranlagungen des *Inspektors*

- Die Quelle seiner Lebensenergie: seine innere Welt.
- Informationsaufnahme: Sinne.
- Art und Weise wie Entscheidungen getroffen werden: Verstand.
- Lebensstil: organisiert.

Ähnliche Persönlichkeitstypen

- *Praktiker*
- *Verwalter*
- *Animateur*

Statistische Angaben

- *Inspektoren* stellen ca. 6-10 % der Gesellschaft dar.
- Unter *Inspektoren* überwiegen Männer (60 %).
- Das Land, welches dem Profil des *Inspektors* entspricht, ist die Schweiz.

Buchstaben-Code

Der universelle Code des *Inspektors* ist in den Jungschen Persönlichkeitstypologien ISTJ.

Mehr:

Jarosław Jankowski
Ihr Persönlichkeitstyp: Inspektor (ISTJ)

Der Künstler (ISFP)

Lebensmotto: *Lasst uns etwas erschaffen!*

Sensibel, kreativ und originell. Sie haben ein Gefühl für Ästhetik und angeborene künstlerische Fähigkeiten. Unabhängig – *Künstler* agieren nach ihrem eigenen Wertesystem und ordnen sich keinerlei Druck von außen unter. Sie sind optimistisch und verfügen über eine positive Lebenseinstellung, weswegen sie jeden Augenblick genießen können.

Sie sind glücklich, wenn sie anderen helfen können. Abstrakte Theorien langweilen sie, denn *Künstler* ziehen es vor, die Realität zu erschaffen und nicht über sie zu sprechen. Es fällt ihnen jedoch weitaus leichter, neue Pläne zu realisieren, als bereits begonnene abzuschließen. Sie haben Schwierigkeiten, ihre eigenen Bedürfnisse und Wünsche zu äußern.

Natürliche Veranlagungen des *Künstlers*

- Die Quelle seiner Lebensenergie: seine innere Welt.
- Informationsaufnahme: Sinne.
- Art und Weise wie Entscheidungen getroffen werden: Herz.
- Lebensstil: spontan.

Ähnliche Persönlichkeitstypen

- *Betreuer*
- *Moderator*
- *Anwalt*

Statistische Angaben

- *Künstler* stellen ca. 6-9 % der Gesellschaft dar.
- Unter *Künstlern* überwiegen Frauen (60 %).
- Das Land, welches dem Profil des *Künstlers* entspricht, ist China.

Buchstaben-Code

Der universelle Code des *Künstlers* ist in den Jungschen Persönlichkeitstypologien ISFP.

Mehr:

Jarosław Jankowski
Ihr Persönlichkeitstyp: Künstler (ISFP)

Der Logiker (INTP)

Lebensmotto: *Man muss vor allem die Wahrheit über die Welt kennenlernen.*

Originell, einfallsreich und kreativ. *Logiker* mögen es, theoretische Probleme zu lösen. Sie sind analytisch, scharfsinnig und begegnen neuen Ideen mit Begeisterung. *Logiker* vermögen es, einzelne Phänomene zu verbinden und mithilfe von ihnen allgemeine Regeln und Theorien aufzustellen. Sie agieren logisch, präzise und tiefgründig. Unklare Zusammenhänge und Inkonsequenzen werden von ihnen schnell erkannt.

Sie sind unabhängig und skeptisch gegenüber bereits vorliegenden Lösungen sowie Autoritäten. Zugleich sind sie tolerant und offen für neue Herausforderungen. Versunken in Gedanken verlieren sie ab und an den Kontakt zur Außenwelt.

Natürliche Veranlagungen des *Logikers*

- Die Quelle seiner Lebensenergie: seine innere Welt.
- Informationsaufnahme: Intuition.
- Art und Weise wie Entscheidungen getroffen werden: Verstand.
- Lebensstil: spontan.

Ähnliche Persönlichkeitstypen

- *Stratege*
- *Reformer*
- *Direktor*

Statistische Angaben

- *Logiker* stellen ca. 2-3 % der Gesellschaft dar.
- Unter *Logikern* überwiegen Männer (80 %).
- Das Land, welches dem Profil des *Logikers* entspricht, ist Indien.

Buchstaben-Code

Der universelle Code des *Logikers* ist in den Jungschen Persönlichkeitstypologien INTP.

Mehr:

Jarosław Jankowski
Ihr Persönlichkeitstyp: Logiker (INTP)

Der Mentor (INFJ)

Lebensmotto: *Die Welt könnte besser sein!*

Kreativ, sensibel, auf die Zukunft fixiert. *Mentoren* sehen Möglichkeiten, die andere Menschen nicht erkennen. Es sind Idealisten und Visionäre, die sich darauf konzentrieren, Menschen zu helfen. Pflichtbewusst und verantwortungsbewusst, zugleich auch höflich, fürsorglich und freundschaftlich. Sie versuchen, die Mechanismen der Weltordnung zu verstehen und betrachten Probleme aus einer breiten Perspektive.

Hervorragende Zuhörer und Beobachter. Sie zeichnen sich aus durch Empathie, Intuition und Vertrauen in Menschen. *Mentoren* sind imstande, Gefühle und Emotionen zu lesen, können wiederum aber nur schlecht Kritik annehmen und sich in Konfliktsituationen zurechtfinden. Andere können sie gelegentlich als enigmatisch empfinden.

Natürliche Veranlagungen des *Mentors*

- Die Quelle seiner Lebensenergie: seine innere Welt.
- Informationsaufnahme: Intuition.
- Art und Weise wie Entscheidungen getroffen werden: Herz.
- Lebensstil: organisiert.

Ähnliche Persönlichkeitstypen

- *Idealist*
- *Berater*
- *Enthusiast*

Statistische Angaben

- *Mentoren* stellen ca. 1 % der Gesellschaft dar und sind damit der seltenste Persönlichkeitstyp.
- Unter *Mentoren* überwiegen Frauen (80 %).
- Das Land, welches dem Profil des *Logikers* entspricht, ist Norwegen.

Buchstaben-Code

Der universelle Code des *Mentors* ist in den Jungschen Persönlichkeitstypologien INFJ.

Mehr:

Jarosław Jankowski
Ihr Persönlichkeitstyp: Mentor (INFJ)

Der Moderator (ESFP)

Lebensmotto: *Heute ist der richtige Zeitpunkt!*

Optimistisch, energisch und offen gegenüber Menschen. *Moderatoren* sind lebenslustig und haben gerne Spaß. Sie sind praktisch, zugleich aber auch flexibel und spontan. Sie mögen Veränderungen und neue Erfahrungen. Einsamkeit, Stagnation und Routine hingegen vertragen sie eher schlecht. *Moderatoren* mögen es, im Zentrum der Aufmerksamkeit zu stehen.

Sie verfügen über ein natürliches Schauspieltalent und über die Gabe, interessant und packend zu berichten. Indem sie sich auf das Hier und Jetzt konzentrieren verlieren sie manchmal langfristige Ziele aus den Augen. Sie neigen dazu, Konsequenzen ihres Handelns nicht richtig einschätzen zu können.

Natürliche Veranlagungen des *Moderators*

- Die Quelle seiner Lebensenergie: seine äußere Welt.
- Informationsaufnahme: Sinne.
- Art und Weise wie Entscheidungen getroffen werden: Herz.
- Lebensstil: spontan.

Ähnliche Persönlichkeitstypen

- *Anwalt*
- *Künstler*
- *Betreuer*

Statistische Angaben

- *Moderatoren* stellen ca. 8-13 % der Gesellschaft dar.
- Unter *Moderatoren* überwiegen Frauen (60 %).
- Das Land, welches dem Profil des *Moderators* entspricht, ist Brasilien.

Buchstaben-Code

Der universelle Code des *Moderators* ist in den Jungschen Persönlichkeitstypologien ESFP.

Mehr:

Jarosław Jankowski
Ihr Persönlichkeitstyp: Moderator (ESFP)

Der Praktiker (ISTP)

Lebensmotto: *Taten sind wichtiger als Worte.*

Optimistisch, spontan und mit einer positiven Lebenseinstellung. Beherrschte und unabhängige Menschen, die ihren eigenen Überzeugungen treu sind und äußeren Normen und Regeln skeptisch gegenüberstehen. *Praktiker* sind nicht an Theorien oder Überlegungen bzgl. der Zukunft interessiert. Sie ziehen es vor, konkrete und handfeste Probleme zu lösen.

Sie passen sich gut an neue Orte und Situationen an und mögen Herausforderungen und das Risiko. Ferner vermögen sie es, bei Gefahr einen kühlen Kopf zu behalten. Ihre Wortkargheit und extreme Zurückhaltung bei der Äußerung von Meinungen bewirken, dass sie für andere Menschen manchmal unverständlich erscheinen.

Natürliche Veranlagungen des *Praktikers*

- Die Quelle seiner Lebensenergie: seine innere Welt.
- Informationsaufnahme: Sinne.
- Art und Weise wie Entscheidungen getroffen werden: Verstand.
- Lebensstil: spontan.

Ähnliche Persönlichkeitstypen

- *Inspektor*
- *Animateur*
- *Verwalter*

Statistische Angaben

- *Praktiker* stellen ca. 6-9 % der Gesellschaft dar.
- Unter *Praktiker* überwiegen Männer (60 %).
- Das Land, welches dem Profil des *Praktikers* entspricht, ist Singapur.

Buchstaben-Code

Der universelle Code des *Praktikers* ist in den Jungschen Persönlichkeitstypologien ISTP.

Mehr:

Jarosław Jankowski
Ihr Persönlichkeitstyp: Praktiker (ISTP)

Der Reformer (ENTP)

Lebensmotto: *Und wenn man versuchen würde, es anders zu machen?*

Ideenreich, originell und unabhängig. *Reformer* sind Optimisten. Sie sind energisch und unternehmerisch. Wahrhaftige Tatmenschen, die gerne im Zentrum des Geschehens sind und „unlösbare Probleme" lösen. Sie sind an der Welt interessiert, risikofreudig und ungeduldig. Visionäre, die offen für neue Ideen sind. Sie mögen neue Erfahrungen und Experimente. Ferner erkennen sie die Verbindungen zwischen einzelnen Ereignissen und sind mit ihren Gedanken in der Zukunft.

Spontan, kommunikativ und selbstsicher. *Reformer* neigen dazu, ihre eigenen Fähigkeiten zu überschätzen. Darüber hinaus haben sie Probleme damit, etwas zu Ende zu bringen.

Natürliche Veranlagungen des *Reformers*

- Die Quelle seiner Lebensenergie: seine äußere Welt.
- Informationsaufnahme: Intuition.
- Art und Weise wie Entscheidungen getroffen werden: Verstand.
- Lebensstil: spontan.

Ähnliche Persönlichkeitstypen

- *Direktor*
- *Logiker*
- *Stratege*

Statistische Angaben

- *Reformer* stellen ca. 3-5 % der Gesellschaft dar.
- Unter *Reformern* überwiegen Männer (70 %).
- Das Land, welches dem Profil des *Reformers* entspricht, ist Israel.

Buchstaben-Code

Der universelle Code des *Reformers* ist in den Jungschen Persönlichkeitstypologien ENTP.

Mehr:

Jarosław Jankowski
Ihr Persönlichkeitstyp: Reformer (ENTP)

Der Stratege (INTJ)

Lebensmotto: *Das lässt sich perfektionieren!*

Unabhängige, herausragende Individualisten, die über unglaublich viel Energie verfügen. Sie sind kreativ und einfallsreich. Von anderen werden sie als kompetente und selbstsichere Menschen angesehen, wenngleich sie distanziert und enigmatisch wirken. *Strategen* betrachten alle Angelegenheiten aus einer breiten Perspektive. Sie möchten ihre Umwelt perfektionieren und ordnen.

Strategen sind gut organisiert, verantwortungsbewusst, kritisch und anspruchsvoll. Es ist schwer, sie aus dem Gleichgewicht zu bringen. Zugleich ist es aber auch nicht einfach, sie völlig zufrieden zu stellen. Ihre Natur erschwert es ihnen, die Gefühle und Emotionen anderer Menschen zu erkennen.

Natürliche Veranlagungen des *Strategen*

- Die Quelle seiner Lebensenergie: seine innere Welt.
- Informationsaufnahme: Intuition.
- Art und Weise wie Entscheidungen getroffen werden: Verstand.
- Lebensstil: organisiert.

Ähnliche Persönlichkeitstypen

- *Logiker*
- *Direktor*
- *Reformer*

Statistische Angaben

- *Strategen* stellen ca. 1-2 % der Gesellschaft dar.
- Unter *Strategen* überwiegen Männer (80 %).
- Das Land, welches dem Profil des *Strategen* entspricht, ist Finnland.

Buchstaben-Code

Der universelle Code des *Strategen* ist in den Jungschen Persönlichkeitstypologien INTJ.

Mehr:

Jarosław Jankowski
Ihr Persönlichkeitstyp: Stratege (INTJ)

Der Verwalter (ESTJ)

Lebensmotto: *Erledigen wir diese Aufgabe!*

Fleißig, verantwortungsbewusst und überaus loyal. Energisch und entschieden. Sie schätzen Ordnung, Stabilität, Sicherheit und klare Regeln. *Verwalter* sind sachlich und konkret. Sie sind logisch, rational und praktisch. Sie vermögen es, sich eine große Menge detaillierter Informationen anzueignen.

Hervorragende Organisatoren, die Ineffizienz, Verschwendung und Faulheit nicht dulden. Sie sind ihren Überzeugungen treu und aufgeschlossen gegenüber anderen Menschen. Sie legen ihre Meinung entschieden dar und üben offen Kritik aus, weswegen sie manchmal ungewollt andere Menschen verletzen.

Natürliche Veranlagungen des *Verwalters*

- Die Quelle seiner Lebensenergie: seine äußere Welt.
- Informationsaufnahme: Sinne.
- Art und Weise wie Entscheidungen getroffen werden: Verstand.
- Lebensstil: organisiert.

Ähnliche Persönlichkeitstypen

- *Animateur*
- *Inspektor*
- *Praktiker*

Statistische Angaben

- *Verwalter* stellen ca. 10-13 % der Gesellschaft dar.
- Unter *Verwaltern* überwiegen Männer (60 %).
- Das Land, welches dem Profil des *Verwalters* entspricht, sind die USA.

Buchstaben-Code

Der universelle Code des *Verwalters* ist in den Jungschen Persönlichkeitstypologien ESTJ.

Mehr:

Jarosław Jankowski
Ihr Persönlichkeitstyp: Verwalter (ESTJ)

Anhang

Die vier natürlichen Veranlagungen

1. Dominierende Quelle der Lebensenergie

  o ÄUSSERE WELT
    Menschen, die ihre Energie aus der Um-
    welt schöpfen, die Aktivitäten und Kon-
    takt mit anderen Menschen benötigen.
    Sie vertragen längere Einsamkeit nur
    schlecht.

  o INNERE WELT
    Menschen, die ihre Energie aus ihrem
    Innern schöpfen, die Ruhe und Einsam-
    keit brauchen. Sie fühlen sich erschöpft,
    wenn sie längere Zeit mit anderen Men-
    schen verbringen.

2. Dominierende Art, Informationen aufzunehmen

- o SINNE
  Menschen, die auf ihre fünf Sinne vertrauen. Sie glauben an Fakten und Be-
  weise und mögen erprobte Methoden sowie praktische und konkrete Aufgaben.
  Sie sind Realisten, die sich auf ihre Erfahrung stützen.

- o INTUITION
  Menschen, die auf ihren sechsten Sinn
  vertrauen. Sie lassen sich durch Vorah-
  nungen leiten und mögen innovative Lösungen sowie Probleme theoretischer
  Natur. Sie zeichnen sich durch eine kreative Herangehensweise sowie die Fähigkeit aus, Dinge vorherzusehen.

3. Dominierende Art, Entscheidungen zu treffen

- o VERSTAND
  Menschen, die sich nach ihrer Logik und
  objektiven Regeln richten. Sie sind kritisch und direkt, wenn sie ihre Meinung
  äußern.

- o HERZ
  Menschen, die sich nach ihren Empfindungen und Werten richten. Sie streben
  nach Harmonie und Einverständnis mit
  anderen.

4. Dominierender Lebensstil

   o ORGANISIERT
   Menschen, die pflichtbewusst und organisiert sind. Sie schätzen Ordnung und
   mögen es, nach Plan zu handeln.

   o SPONTAN
   Flexible Menschen, die ihre Freiheit
   schätzen. Sie erfreuen sich des Augen-
   blicks und finden sich gut in neuen Situationen zurecht.

Geschätzter Anteil der einzelnen Persönlichkeitstypen an der Bevölkerung (in %)

Persönlichkeitstyp	Anteil
Animateur (ESTP):	6 – 10 %
Anwalt (ESFJ):	10 – 13 %
Berater (ENFJ):	3 – 5 %
Betreuer (ISFJ):	8 – 12 %
Direktor (ENTJ):	2 – 5 %
Enthusiast (ENFP):	5 – 8 %
Idealist (INFP):	1 – 4 %
Inspektor (ISTJ):	6 – 10 %
Künstler (ISFP):	6 – 9 %
Logiker (INTP):	2 – 3 %
Mentor (INFJ):	ca. 1 %
Moderator (ESFP):	8 – 13 %
Praktiker (ISTP):	6 – 9 %
Reformer (ENTP):	3 – 5 %

Stratege (INTJ):   1 – 2 %
Verwalter (ESTJ):   10 – 13 %

Geschätztes prozentuales Verhältnis von Frauen und Männern je nach Persönlichkeitstyp

Persönlichkeitstyp	Frauen/Männer
Animateur (ESTP):	40 % / 60 %
Anwalt (ESFJ):	70 % / 30 %
Berater (ENFJ):	80 % / 20 %
Betreuer (ISFJ):	70 % / 30 %
Direktor (ENTJ):	30 % / 70 %
Enthusiast (ENFP):	60 % / 40 %
Idealist (INFP):	60 % / 40 %
Inspektor (ISTJ):	40 % / 60 %
Künstler (ISFP):	60 % / 40 %
Logiker (INTP):	20 % / 80 %
Mentor (INFJ):	80 % / 20 %
Moderator (ESFP):	60 % / 40 %
Praktiker (ISTP):	40 % / 60 %
Reformer (ENTP):	30 % / 70 %
Stratege (INTJ):	20 % / 80 %
Verwalter (ESTJ):	40 % / 60 %

Literaturverzeichnis

- Arraj, J. (1990): *Tracking the Elusive Human, Volume 2: An Advanced Guide to the Typological Worlds of C. G. Jung, W.H. Sheldon, Their Integration, and the Biochemical Typology of the Future.* Midland, OR: Inner Growth Books.
- Arraj, J. / Arraj, T. (1988): *Tracking the Elusive Human, Volume 1: A Practical Guide to C.G. Jung's Psychological Types, W.H. Sheldon's Body and Temperament Types and Their Integration.* Chiloquin, OR: Inner Growth Books.
- Berens, L. V. / Cooper, S. A. / Ernst, L. K. /Martin, C. R. / Myers, S. / Nardi, D. / Pearman, R. R./Segal, M./Smith, M. A. (2002): *Quick Guide to the 16 Personality Types in Organizations: Understanding Personality Differences in the Workplace.* Fountain Valley, CA: Telos Publications.

- Geier, J. G./Downey, D. E. (1989): *Energetics of Personality*: Success Through Quality Action. Minneapolis, MN: Aristos Publishing House.

- Hunsaker, P. L. / Alessandra, T. (1986): *The Art of Managing People*. New York, NY: Simon and Schuster.

- Jung, C. G. (1995): *Psychologische Typen*. Ostfildern: Patmos Verlag.

- Kise, J. A. G. / Krebs Hirsh, S. / Stark, D. (2005): *LifeKeys: Discover Who You Are*. Bloomington, MN: Bethany House.

- Kroeger, O. / Thuesen, J. M. (1988): *Type Talk or How to Determine Your Personality Type and Change Your Life*. New York, NY: Delacorte Press.

- Lawrence, G. D. (1997): *Looking at Type and Learning Styles*. Gainesville, FL: Center for Applications of Psychological Type.

- Lawrence, G. D. (1993): *People Types and Tiger Stripes*. Gainesville, FL: Center for Applications of Psychological Type.

- Maddi, S. R. (2001): *Personality Theories: A Comparative Analysis*. Long Grove, IL: Waveland Press.

- Martin, C. R. (2001): *Looking at Type: The Fundamentals Using Psychological Type To Understand and Appreciate Ourselves and Others*. Gainesville, FL: Center for Applications of Psychological Type.

- Meier, C. A. (1986): *Persönlichkeit: Der Individuationsprozess im Lichte der Typologie C. G. Jungs*. Einsiedeln: Daimon.

- Pearman, R. R. / Albritton, S. C. (2010): *I'm Not Crazy, I'm Just Not You: The Real Meaning of the Sixteen Personality Types*. Boston, MA: Nicholas Brealey Publishing.
- Segal,M. (2001): *Creativity and Personality Type: Tools for Understanding and Inspiring the Many Voices of Creativity*. Fountain Valley, CA: Telos Publications.
- Sharp, D. (1987): *Personality Type: Jung's Model of Typology*. Toronto: Inner City Books.
- Spoto, A. (1995): *Jung's Typology in Perspective*. Asheville, NC: Chiron Publications.
- Tannen, D. (1990): *You Just Don't Understand: Women and Men in Conversation*. New York, NY: William Morrow and Company.
- Thomas, J. C. / Segal, D. L. (2005): *Comprehensive Handbook of Personality and Psychopathology, Personality and Everyday Functioning*. Hoboken, NJ: Wiley.
- Thomson, L. (1998): *Personality Type: An Owner's Manual*. Boston, MA: Shambhala.
- Tieger, P. D./Barron-Tieger, B. (2000): *Just Your Type: Create the Relationship You've Always Wanted Using the Secrets of Personality Type*. New York, NY: Little, Brown and Company.
- Von Franz, M.-L. / Hillman, J. (1971): *Lectures on Jung's Typology*. New York, NY: Continuum International Publishing Group.

www.ingramcontent.com/pod-product-compliance
Lightning Source LLC
Chambersburg PA
CBHW031206020426
42333CB00013B/813